《城市交通》

一、课程概述

《城市交通》课程主要为土建专业方向的学生介绍与人们生活息息相关的城市交通基础知识,共24学时。该课程是为丰富学生的知识而开设的选修课,同时考虑了建筑类院校学生的知识结构特点。作为一门概论性质的课程,特点定位在以下几个方面:注重各学科与该课程的知识交叉、趣味性、大信息量、富有文化内涵。

二、课件内容

第一讲 城市交通概论

讲授城市交通的历史、国内外道路交通发展情况,以及城市道路交通的基本知识、城市交通的内涵和交通领域的任务与使命,最后介绍北京市近年的道路交通状况,引出城市交通普遍存在的问题,以便于学生对后续课程的学习和理解,本讲共包括以下五部分内容:

- 道路交通发展简史
- 城市道路基本知识
- 城市综合交通
- 北京道路交通全景
- 城市交通普遍存在的问题

第二讲 城市交通规划

从可持续发展的角度介绍了交通规划的意义、步骤与做法,尤其是对交通预测过程进行了简要、直观的介绍,最后通过北京市的交通规划介绍来巩固课程的内容。本讲主要包括以下内容:

- 道路交通规划的目的和意义
- 道路交通规划程序与内容
- 近、现代城市道路的系统规划
- 城市布局
- 城市道路网的结构和特点以及布局要点
- 交通预测中的数据调查
- 交通预测
- 交通网络布局规划评价
- 北京市交通规划简介

第三讲 交通安全

交通安全问题目前已成为世界范围内一个严重的社会问题,每年交通事故造成的人员和财产损失巨大。在我国,由于小汽车的增加,目前交通事故有逐年上升的趋势，因此了解和研究交通事故的发生、发展、分布规律并进行有效控制是非常必要的。本讲吸收了国内外的研究成果，利用国际先进车辆安全软件生成动画，加上国内外实地拍摄照片等丰富了课件的内容。本讲主要包括以下内容：
- 交通事故的危害性及安全工作的意义
- 交通事故的定义与分类
- 交通事故的发展趋势
- 交通安全的研究内容
- 交通事故调查与分析
- 交通事故原因
- 交通安全措施
- 高等级公路交通安全与管理
- 典型事故研究统计分析

第四讲　道路交叉

交叉口是城市道路系统的重要组成部分，道路畅通与否很大程度取决于交叉口交通问题处理的好坏。了解交叉口车辆运行特征，提出交叉口交通解决方案是本讲的主要内容。本讲主要包括两部分内容：城市道路平面交叉口和立体交叉，具体内容如下：

城市道路平面交叉口
- 平面交叉的组成与分类
- 交叉口的交通分析与交通组织
- 交叉口设计内容
- 平面交叉口设计原则
- 平面环形交叉口
- 交叉口竖向设计介绍

立体交叉
- 立体交叉的设置依据和条件
- 立体交叉的基本类型
- 互通式立体交叉的组成
- 立体交叉的交通功能分析
- 交通功能评价指标
- 典型立交介绍
- 立体交叉设计实例分析（北京西直门立交）
- 立体交叉设计赏析

第五讲　交通问题与交通方式

本讲以北京为例，分析北京市目前存在的交通问题和产生的原因，并对可能的解决对策进行分析,进而从宏观角度——交通方式入手对北京的交通问题进行剖析。首先对国际性大都市典型的交通出行方式进行综合分析,得出完善的公共交通系统是解决城市交通的有效方式;之后对不同交通方式进行对比分析,分析影响居民交通方式选择的因素;最后得出北京市远期合理的交通出行方式目标建议。本讲吸收了作者近年的研究成果,共包括三部分:
- 北京市交通问题及解决对策分析
- 国际性大都市交通出行方式综合分析
- 北京市交通出行方式合理结构模式

第六讲　桥梁

桥梁是城市特殊的构造物,在城市交通设施中占举足轻重的地位,我国近年来桥梁建设和发展尤其引人注目。本讲从桥梁的分类入手,讲授梁式、拱式、悬吊式等类型桥梁的受力特点及施工过程,并就典型桥梁进行分析。超常规设计的桥梁在本课中也进行了介绍,对其实用性及适用性的分析可以增加学生学习兴趣。课程还对桥梁的发展进行了回顾,既巩固了前面的知识,又可以赏析堪称为世界里程碑的桥梁风姿,最后还对未来桥梁的发展进行了展望。

三、课件特点

《城市交通》课程的性质决定了课件的特点。本课件的最大特点是素材全面而丰富,多处运用了动画、录像、图表等形象生动的手段,对教学效果起到了良好的促进作用。另外内容注重及时更新,全面反映专业的最新动态和成果是本课件的另一特点,其中很多内容是作者多年科研成果的积累,能够反映国内外最新研究成果和发展方向。如第五讲交通问题与交通方式,大量地使用了课题的研究成果,给出了未来北京市合理的交通方式结构比例。

四、运行环境

本课件为单机版,使用 Microsoft Office PowerPoint 2003 制作,硬件和操作系统能够支持该软件即可。

五、补充说明

该门课程目前尚无针对性较强的教材,课件的主要内容参考了以下两种教材:一种是针对土木工程专业学生设置的道路与交通工程概论,一种是针对交通与运输专业编制的专业教材。前者专业性针对性较强,不能反映学科交叉的特色,而且趣味性欠佳。后者专业性更强,基本上每一讲的内容需用一本教材,涉及的内容多,理论性强,缺少趣味性和文化内涵。因此除了这两种教材以外,该课程引用的参考资料较多,除了作者的科研成果外,还借鉴参考了目前已公开出版的一些书籍、报刊以及互联网上的相关内容,一些论文等无法详细列出,在此向有关内容的作者表示感谢。

《城市交通》课件演示开始

图文并茂介绍道路交通发展简史

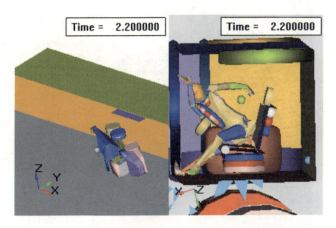

车辆安全设施——安全带动画

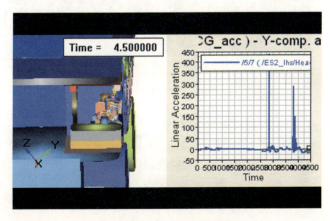

车辆安全设施——故障特征动画

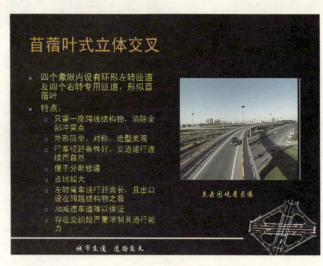

用录像进行典型立交介绍

用电脑效果图示意交通组织方式

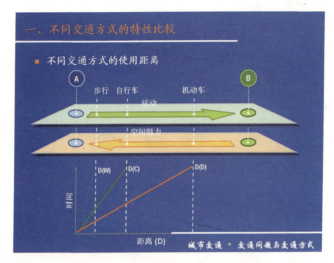

特性比较直观具象

图示分析方式简洁明确

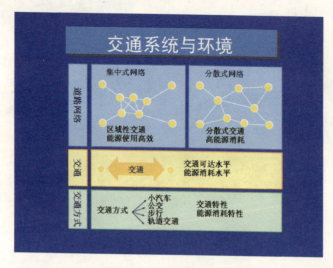

用图表说明交通系统与环境

用动画说明视距检验手段